8 bis 12 Jahre

Mag. C. Ertl & S. Tschannerl

Lesen lernen mit Ferdinand

Legasthenie wirksam bekämpfen

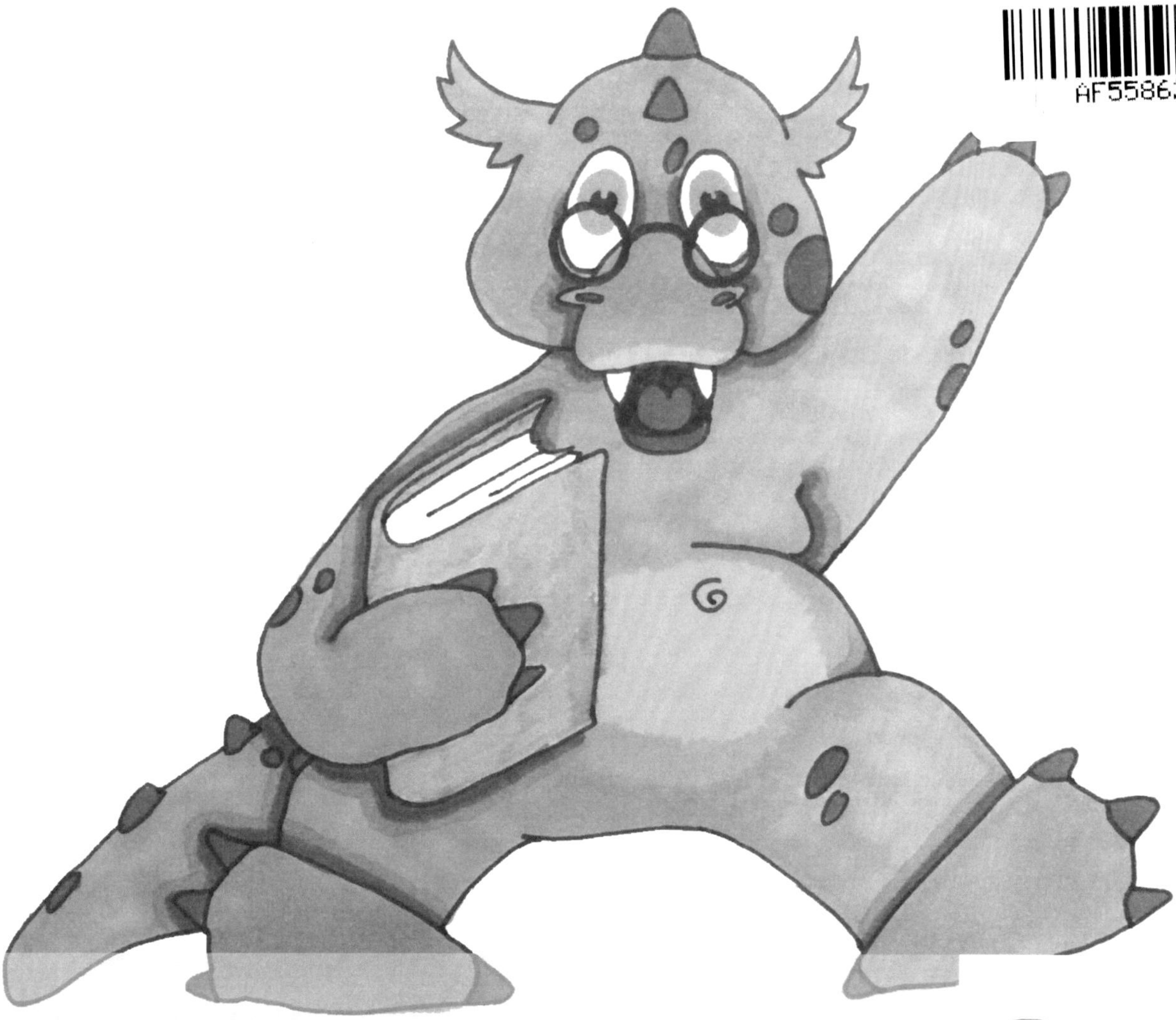

Übungen zum sinnerfassenden Lesen

www.kohlverlag.de

Lesen lernen mit Ferdinand

Legasthenie wirksam bekämpfen

4. Auflage 2025

Inhalt: Mag. Claudia Ertl
Illustrationen: Sophie Tschannerl
Redaktion: Kohl-Verlag
Grafik & Satz: Kohl-Verlag
Druck: Druckerei Flock, Köln

Bestell-Nr. 12 410

ISBN: 978-3-96624-107-6

Bildquellen:

Seite 7 © Mihai Blanaru - AdobeStock.com; alle anderen Abbildungen von den Autorinnen.

Kontakt: Kohl-Verlag, An der Brennerei 37-45, 50170 Kerpen
Tel: +49 2275 331610, Mail: info@kohlverlag.de

Inhalt

KOHL VERLAG Lesen lernen mit Ferdinand
Legasthenie wirksam bekämpfen – Bestell-Nr. 12 410

Vorwort

Ich arbeite seit Jahren mit legasthenen Kindern, die oft überdurchschnittlich intelligent sind. Sie beherrschen den Lernstoff ausgezeichnet, können stundenlang darüber reden und erklären, aber beim Test erzielen sie oft nur schlechte Resultate.

Ein Mädchen, welches eine gute Mathematikerin war, schleuderte nach dem ersten Durchlesen ihrer Textbeispiele regelmäßig das Buch weg und wütend rief sie: „Das kann ich nicht!“ Las man ihr jedoch die Angabe laut vor, riss sie das Buch an sich und meinte: „Ach so, das ist eh ganz leicht.“ Und schon rechnete sie fehlerlos drauflos. Diese Schülerin konnte ihr mathematisches Können oft nicht zum Ausdruck bringen, nur weil sie am Lesen scheiterte.

Dieses Beispiel zeigt, dass sinnerfassendes Lesen die Voraussetzung für das positive Erledigen von Schulaufgaben in allen Fächern ist.

Ein paar Worte zur Anwendung dieser Lektüre:

In den einzelnen Übungen wird die Wahrnehmung im optischen und akustischen Bereich trainiert. Je nach Bedarf können einzelne Übungen zum Training herangezogen werden.

Generell gilt *„Sinnlose Silben Lesen“* für einige Tage 2 bis 3 Minuten lang, steigert nachweislich die Aufmerksamkeit von Schülern und verbessert das Lesen im Allgemeinen. Für alle anderen Übungen ist zu empfehlen, pro Übungseinheit maximal 10 Sätze pro Thema zu behandeln. Der Grund für die vielen Beispielsätze liegt in der Auswahlmöglichkeit, denn wer gezwungen ist immer mit denselben Übungssätzen zu arbeiten, hat die Antwort vom letzten Training noch im Hinterkopf und kann somit kein befriedigendes Ergebnis erzielen.

Ganz wichtig, dass Trainieren soll Spaß machen – denn nur mit Freude lernt man. Viel Spaß und gutes Gelingen wünschen Ihnen in diesem Sinne das Team des Kohl-Verlages und

Mag. Claudia Ertl &
Sophie Tschannerl

Warum Ferdinand lesen lernen möchte

Hallo ich bin Ferdinand! Ich will Lesen lernen. Machst du mit? Wer nicht gut lesen kann, hat es wirklich schwer im Leben. Früher hab ich das nicht geglaubt und nur wenig geübt, bis mir ein schreckliches Missgeschick passiert ist und dann hab ich beschlossen:
ICH WILL LESEN LERNEN.

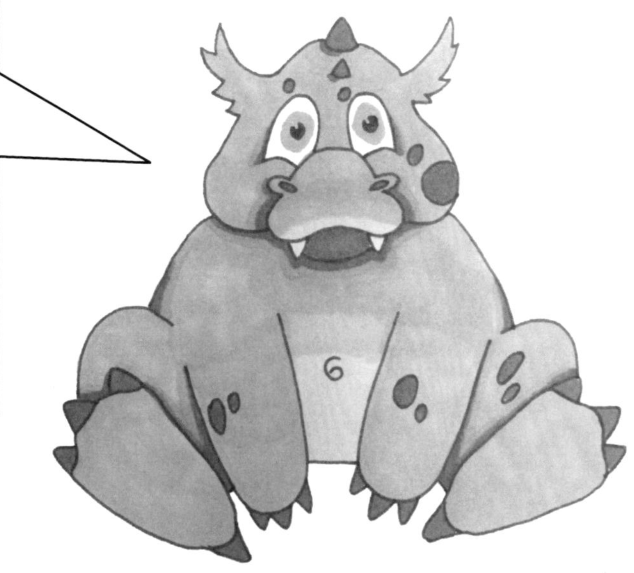

„Ach Ferdinand, ach Ferdinand", seufzt Mama Drache, wenn Ferdinand wieder einmal in Null Komma Nichts mit dem Zähneputzen fertig ist. Oder „nicht doch Ferdinand", wenn Ferdinand in der Eile wieder einmal vergessen hat, seine Füße abzuputzen und auf dem frisch gesäuberten Boden Spuren hinterlässt.

Ferdinand macht das nicht mit Absicht. Natürlich möchte er gesunde Zähne und er will auch den Fußboden nicht beschmutzen, aber es passiert einfach.

Der kleine Drache ist an allem interessiert und sehr neugierig. Die Welt ist voller Abenteuer und er will keines versäumen.

Ähnlich ging es ihm früher auch beim Lesen, bis zu dem Tag als er wegen eines Lesefehlers fast den halben Wald niederbrannte, und das kam so:

Der neu zugezogene Drachenjunge lud zur Geburtstagsfeier ein. Ferdinand freute sich riesig, eine Einladung bekommen zu haben, denn schließlich war er von Natur aus neugierig und wollte den Neuling kennenlernen. Als er jedoch die Einladung las, stutzte er, stellte die Drachenschuppen auf und blies vor lauter Wut kleine Rauchwolken aus den kleinen Nüstern. Sogleich fingen die Äste um ihn herum Feuer und innerhalb kürzester Zeit brannten alle umstehenden Bäume. Zum Glück war Papa Drache gleich zur Stelle und blies das Feuer aus. „Ferdinand!", rief er, „wieso bist du bloß so wütend?"

Lesen lernen mit Ferdinand
Legasthenie wirksam bekämpfen – Bestell-Nr. 12 410
KOHL VERLAG

Warum Ferdinand lesen lernen möchte

Wortlos reichte Ferdinand seinem Papa die Einladung, über die er sich kurz zuvor noch so gefreut hatte. Doch Papa konnte keinen Grund zum Ärgern feststellen. „Lieber Ferdinand, ich möchte dich gerne zu meiner Geburtstagsfeier einladen. Es wird tolle Spiele, aber auch Torte geben." „Uuuuups", meldete sich da Ferdinand kleinlaut zu Wort. „TORTE?, steht da wirklich Torte? Ich glaube ich hab das R nicht gelesen"

Von diesem Tag an bemüht sich Ferdinand sehr, langsam und konzentriert zu lesen, die folgenden Übungen haben ihm dabei sehr geholfen.

Bevor du anfängst, noch ein paar Tipps:

- Stell dir immer ein Glas Wasser bereit. Wasser trinken fördert konzentriertes Arbeiten.
- Dein Arbeitsplatz sollte übersichtlich und aufgeräumt sein.
- Schalte alle Störquellen aus. (Mobiltelefon, TV, Spielkonsole, .)
- Denkmütze:
  Bei dieser Übung benutzen wir Daumen und Zeigefinger, um die Ohren sanft nach hinten zu ziehen und auszufalten. Dabei beginnen wir ganz oben am Ohr und gleiten mit sanfter Massage abwärts, die Rundungen entlang, bis zum Ohrläppchen. Die Übung soll mindestens dreimal wiederholt werden.[1]
- Überkreuzübungen:
  z. B. Linker Ellbogen zu rechtem Knie und umgekehrt, aber auch alle anderen Arten der Überkreuzbewegung sind förderlich für das Zusammenarbeiten der beiden Gehirnhälften. Die Überkreuzbewegungen fördern ein verbessertes Buchstabieren und Rechtschreiben, besseres Zuhören, Lesen und Leseverständnis.[2]
- Die Achterschleife (S. 8):
  Nimm einen Stift und fahre die Achterschleife entlang, ganz locker aus dem Handgelenk. Wenn es mit deiner Schreibhand bereits gut funktioniert, probier es mit der anderen Hand. Wenn du magst, kannst du auch einen Stift zwischen deine Zehen klemmen und es mit deinen Füßen probieren. Eine Vorlage für das Nachfahren der Achterschleife findest du auf der nächsten Seite.

[1] Dennison, Paul & Gail: Brain Gym: Das Handbuch, VAK Verlags GmbH Kirchzarten bei Freiburg, 2013 (S. 90).
[2] Dennison, Paul & Gail: Brain Gym: Das Handbuch, VAK Verlags GmbH Kirchzarten bei Freiburg, 2013 (S. 55).

Die Achterschleife

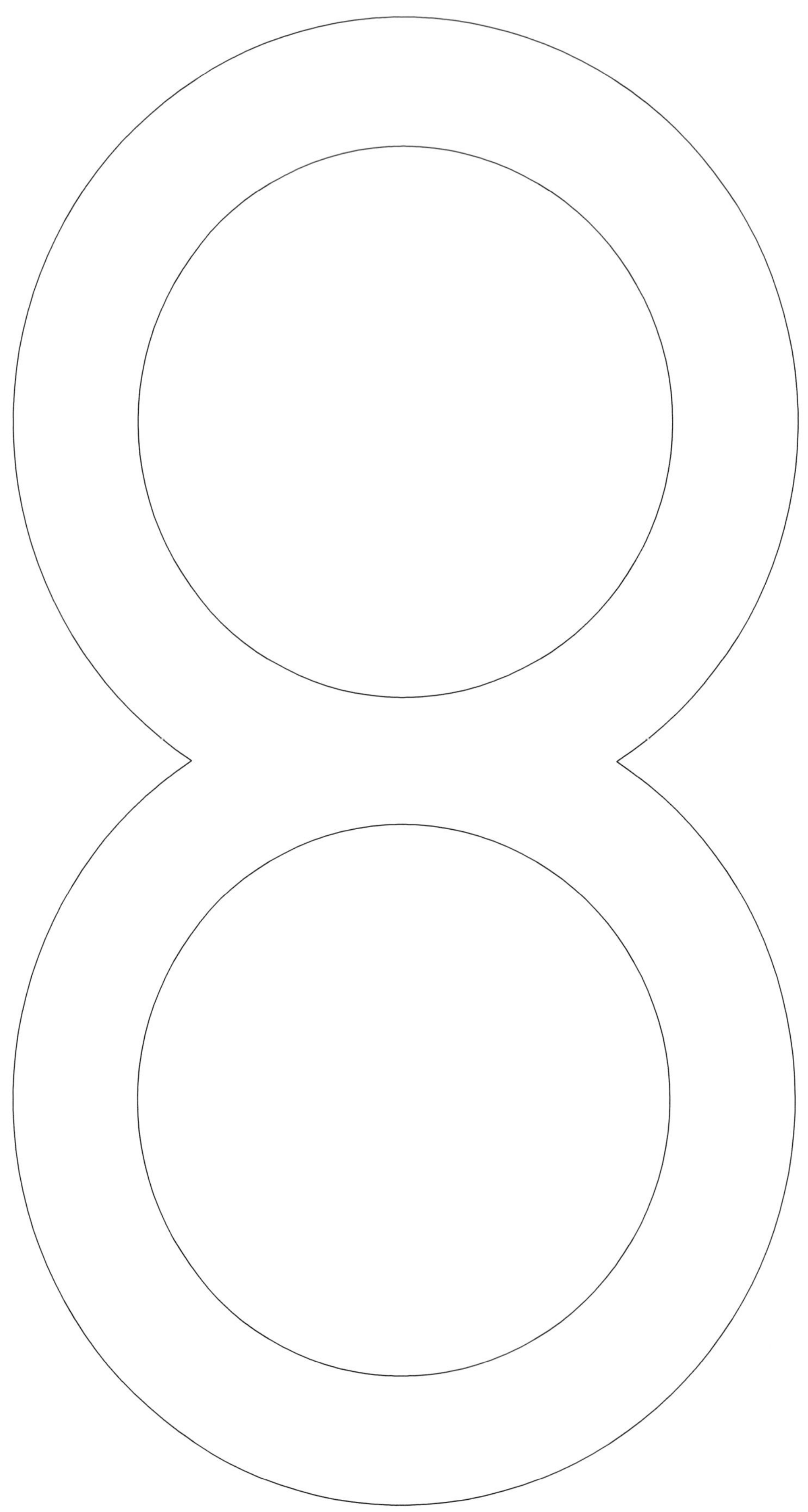

1 Arbeiten mit Bildern

Finde die Fehler

<u>Aufgabe 1</u> : Die beiden Bilder unterscheiden sich in 5 Merkmalen. Findest du sie?

KOHL VERLAG Lesen lernen mit Ferdinand
Legasthenie wirksam bekämpfen – Bestell-Nr. 12 410

1 Arbeiten mit Bildern

Welcher Würfel passt nicht?

Aufgabe 2 : In jeder Reihe gibt es einen Würfel, der nicht passt. Welcher ist es?

1 Arbeiten mit Bildern

Welches Haus passt nicht?

<u>Aufgabe 3</u> : In jeder Reihe gibt es ein Haus, das nicht passt. Welches ist es?

KOHL VERLAG
Lesen lernen mit Ferdinand
Legasthenie wirksam bekämpfen – Bestell-Nr. 12 410

1 Arbeiten mit Bildern

Merke dir das Bild (1)

<u>Aufgabe 4</u> : Schau dir das Bild 2 Minuten lang gut an. Danach decke es zu und beantworte die Fragen auf der nächsten Seite.

1 Arbeiten mit Bildern

Merke dir das Bild (1)

<u>Aufgabe 5</u> : Beantworte jetzt die Fragen zum Bild.

1. Auf welcher Seite des Daches befindet sich der Kamin?
2. Wie viele Rauchwölkchen kommen aus dem Kamin?
3. Hat das Haus ein flaches oder ein spitzes Dach?
4. Wo befindet sich die Tür des Hauses?
5. Wie viele Fenster hat das Haus?
6. Wie viele davon sind vergittert?
7. Auf welcher Seite steht der Laubbaum?
8. Wie viele Vögel fliegen auf dem Bild?
9. Fliegen die Vögel links oder rechts am Haus vorbei?
10. Wie viele Nadelbäume stehen im Garten?
11. Wie viele Blumen wachsen im Garten?
12. Wo wachsen die Blumen genau?

KOHL VERLAG Lesen lernen mit Ferdinand
Legasthenie wirksam bekämpfen – Bestell-Nr. 12 410

1 Arbeiten mit Bildern

Merke dir das Bild! (2)

Aufgabe 6 : Betrachte das Bild genau.

1 Arbeiten mit Bildern

Merke dir das Bild! (2)

Aufgabe 7: Beantworte jetzt die folgenden Fragen zum Waldbild aus dem Gedächtnis.

1. Wie viele Tiere sind auf dem Bild zu sehen?
2. Welche Tiere sind es?
3. Gibt es mehr Zweibeiner oder mehr Verbeiner?
4. Wie viele Tiere tragen ein Geweih?
5. Welches Tier befindet sich rechts unten?
6. Sitzt das Eichhörnchen auf dem linken oder rechten Ast des Baumes?
7. Welches Tier sitzt auf dem rechten Baum?
8. Welche Tiere haben einen buschigen Schwanz?
9. Sitzen auf dem rechten oder dem linken Baum mehr Tiere?
10. Gibt es auf dem Bild einen Wolf zu sehen?
11. Siehst du ein Wildschwein auf dem Bild?
12. Wo befindet sich der liegende Baumstamm?
13. Auf welcher Seite des Bildes siehst du einen fliegenden Vogel?
14. Wo befinden sich die Hasen?

Aufgabe 8: Male nun das Bild von S. 14 nach deinen Vorstellungen aus.

KOHL VERLAG Lesen lernen mit Ferdinand
Legasthenie wirksam bekämpfen – Bestell-Nr. 12 410

2 Arbeiten mit Buchstaben

Welcher Buchstabe im ABC fehlt?

Aufgabe 1 : In jedem Feld fehlt ein Buchstabe des ABCs. Finde ihn und trage ihn in die vorgegebenen Kästchen ein.

1.

A	N	Y	H	P
W	X	K	E	I
J	S	B	Z	U
D	O	T	V	R
Q	G	L	M	C

2.

Q	V	O	W	F
B	Y	X	Z	S
G	R	U	E	A
K	H	J	T	N
D	I	C	P	M

3.

E	S	R	L	A
O	J	M	W	Y
F	U	H	B	P
Q	D	V	N	X
K	C	T	Z	G

4.

H	Q	D	W	Z
P	M	T	I	Y
C	S	G	X	V
N	R	K	B	L
F	A	J	U	O

5.

A	W	I	X	P
R	V	J	F	H
U	B	K	Y	Z
N	C	D	T	L
E	O	S	M	Q

6.

A	M	Q	U	V
G	B	N	Y	Z
L	H	C	R	S
T	K	I	D	X
P	O	J	W	F

Wie heißt das Lösungswort?

2 Arbeiten mit Buchstaben

Buchstaben suchen

Aufgabe 2 : Suche die folgenden Buchstaben:

1. den kleinen Buchstaben **d**
2. den kleinen Buchstaben **b**
3. den kleinen Buchstaben **p**
4. den kleinen Buchstaben **q**
5. den kleinen Buchstaben **t**
6. den kleinen Buchstaben **f**

E	a	d	U	o	p	c	e	t	q	x	c	v	d	q
O	p	ü	M	c	x	d	e	t	X	y	a	s	e	r
T	q	u	I	o	p	x	e	e	R	t	z	u	i	O
Q	w	r	E	z	v	f	c	d	S	n	j	u	k	o
T	z	q	I	p	b	l	m	n	B	v	c	b	y	s
D	f	r	T	g	z	h	j	u	f	i	o	p	a	a
S	e	r	T	z	v	c	x	d	F	n	n	n	n	h
X	y	s	D	r	z	w	s	c	e	c	s	d	c	b
D	r	t	Z	u	i	o	p	ü	M	e	c	e	t	r
S	d	e	E	a	w	c	x	y	e	n	j	r	e	e
S	U	P	E	F	M	A	C	T	S	T	D	U	e	S
E	d	g	H	f	u	z	t	b	V	c	d	e	r	z
Q	w	y	A	s	z	v	c	d	e	r	f	g	b	n
H	z	r	T	q	u	i	o	p	e	e	e	x	s	y
A	e	a	C	e	F	u	e	u	O	e	r	e	c	f
A	s	d	E	r	t	v	c	d	e	s	a	y	b	o
U	s	a	S	d	e	w	s	x	q	d	f	g	a	s
q	r	d	C	f	g	t	u	o	e	c	s	a	q	e
B	e	r	C	d	e	q	v	f	R	e	e	e	s	a
R	t	g	V	c	B	o	p	ö	L	r	t	z	u	x
A	e	s	A	s	x	f	g	k	J	e	s	a	x	o
A	s	d	E	r	t	z	u	q	f	p	e	s	c	f

Das **d** habe ich ______ Mal gefunden. Das **q** habe ich ______ Mal gefunden.

Das **b** habe ich ______ Mal gefunden. Das **t** habe ich ______ Mal gefunden.

Das **p** habe ich ______ Mal gefunden. Das **f** habe ich ______ Mal gefunden.

KOHL VERLAG Lesen lernen mit Ferdinand Legasthenie wirksam bekämpfen – Bestell-Nr. 12 410

3 Arbeiten mit Wörtern

Quatschwörter lesen

Auch wenn es auf den ersten Blick sinnlos erscheint, übt man mit sinnlosen Wörtern das genaue Lesen. Bei dieser Übung sollte bitte ein Erwachsener mit zuschauen.

Aufgabe 1: Decke die Wörter zu. Lies die Wörter genau, indem du Reihe für Reihe aufdeckst.

musso	davilo	frankli	xyfolk	gazblör	fredwas
jallku	assillis	hasgro	ertöl	üpus	grämbur
riglin	östru	hangar	jitril	plörri	ücherst
abfrul	fidork	vulkar	itrig	larkuz	massars
ökitz	hustre	quioplu	hrasd	klopül	darriollu
retwasd	junght	joplas	charuz	trutzo	likjurt
fradriz	dramzer	löpzig	graftru	dasselt	lorrasso
trappra	xakalla	frazto	kullop	fragtro	limmeraster
syrfor	juppor	graffiqu	kistam	loomdas	lugrafto
fahraffe	sunnol	kannert	liomlo	pümüll	bomöllo
dairas	flischo	gittor	grassol	trimus	kistramma
fillors	schlurf	figars	grallkom	kippük	fännerillü
sallka	sussos	flasur	derstop	wistaruk	olkopüs
küstra	quillopka	dörsil	kewedra	kisurst	gramopla
lüksa	fralko	lewerd	blödla	fazurt	wissurda
fragsu	arvas	ursül	lokfra	emsurji	osdlak
fgazi	ösfrad	hradsui	liupda	asfrif	leepsül
esdrats	usdriop	aswertzu	kislam	poslüa	kisattra
trallop	vukko	dregge	xaslo	schrölla	fuxequ
jallgü	gremme	synox	willor	assep	eichwop
ripsa	quertzu	küllö	adsad	brallse	söpram
yllor	fremza	sarzu	pöllkaf	uztru	püpxa

3 Arbeiten mit Wörtern

Quatschwörter lesen

fekkhu	cumza	frabra	zutras	koldra	xüllam
drajka	wertzu	oiklo	plakse	opfran	hugfra
gertfer	senju	oklertz	cliemch	hagraffe	jittras
ölkurt	hasdret	bfredza	nuipü	nasfred	mülfrad
nebsag	sertfer	yalmas	bürfdre	jihre	lopöllo
ligfreds	verfra	quertsch	junfed	kälkax	kilptos
pölkjui	redfres	zuhgfes	nihamsd	nefdre	ölkopü
lämngred	chefras	nefred	syxca	brüjx	jitredp
plokzik	herfgre	hyxcha	hasdwe	jukla	menxcha
müsfroj	haslerf	grefser	ighamlo	kupprx	kallertu
lopüdra	junfgras	hassexü	jössekl	jusdat	lasmefd
tratrej	hugfröm	streamb	saynsy	jimmlot	jutraf
kellresm	jusmefgra	tramsd	grelltü	humpfsu	jurtrsa
hippoll	huströd	hafdra	lamigha	loshux	lekdram

3 Arbeiten mit Wörtern

Welches Wort passt?

Aufgabe 2 : Schau genau: Welches Wort stimmt jeweils mit dem fettgedruckten Wort oben überein?

Achtung: Manchmal stimmen auch mehrere Wörter.

Papagei
Pagei
Pabagei
Papageii
Papagei
Papakei

Brückenpfeiler
Brükenpfeiler
Bröckenpfeiler
Bückenpfeiler
Brückenpfiler
Brückenpfeiler

während
wahrenb
wöhrend
warend
während
wahend

Weihnachten
Weinachten
Weihnachten
Weihnachden
Wehnachten
Weihnachten

Salatschüssel
Saladschüssel
Salatschüssel
Salatschüsel
Salatschüssl
Salatschüsssel

Schlossgespenst
Schlosgespenst
Schlossgspenst
Schlosskespenst
Schlossgespenst
Schlossgesbenst

Schneeballschlacht
Schneballschlacht
Schneeballschlach
Schneeballschacht
Schneebalschlacht
Schneeballschlacht

Schlittenfahrt
Schlidenfahrt
Schlitenfahrt
Schlittenfahrt
Schlittenfart
Schlittnfahrt

Ferienbeginn
Ferienbeginn
Verienbeginn
Ferinbeginn
Ferienbegin
Ferienbeginn

3 Arbeiten mit Wörtern

Welches Wort passt?

Käfigtierhaltung
Käfigtirhaltung
Kefigtierhaltung
Käfigtierhaltun
Käfigtierhatung
Käfigtierhaltung

Butterbrot
Buterbrot
Butterbro
Butterbrot
Butterboot
Butterbrot

Kreidestaub
Kreibestaub
Kreidestaub
Kreidestaud
Kreidestaub
Kreidetaub

Fahrradanhänger
Farradanhänger
Fahradanhänger
Fahrradanhger
Fahrradanhanger
Fahrradanhänger

Verkehrschaos
Verkerschaos
Verkehrschaos
Verkehrchaos
Ferkehrschaos
Verherschaos

Radieschen
Radischen
Raieschen
Radieschen
Radieshen
Radieschen

Hemdkragen
Hendkragen
Hemdkagen
Hemkragen
Hemddkragen
Hemdkragen

Gehsteig
Gesteig
Gehsteig
Gehstig
Gehstei
gehsteig

plötzlich
plötzlich
plötlich
plötzlich
plätzlich
plotzlich

KOHL VERLAG Lesen lernen mit Ferdinand
Legasthenie wirksam bekämpfen – Bestell-Nr. 12 410

4 Arbeiten mit Sätzen

Finde die richtigen Anfangsbuchstaben

Aufgabe 1 : In jedem Satz fehlen Buchstaben, die sehr ähnlich klingen. Findest du sie?

1. ____ranz ____erdinand ____eiert ____röhlich ____atertag.

2. ____erda ____räbt ____roße ____räben in den ____urvigen ____artenweg.

3. ____onstantin ____lebt ____leine ____ugeln an die ____litzernde ____laswand.

4. Am ____alentinstag ____reut sich ____alerie über ____antastische ____alentinsgrüße.

5. ____erena und ____iktoria ____egen den ____ahrradweg ____rei.

6. In den ____erien ____reut sich ____ast jeder ____eriengast über ____abelhaftes Wetter.

7. ____annengrüne ____axis ____urchqueren ____ie ____ropfnasse ____urchfahrt.

8. ____raue ____änse ____reischen laut im ____rünen ____ras.

9. ____iftgrüne ____urken ____oste ich lieber nicht.

10. ____rei ____ämliche ____ackel ____auchen ____urch ____en ____iefen ____eich.

11. ____ier ____üllige ____rauen ____erwandeln ____orhangstoff in prächtige ____rauenkleider.

12. Im ____räutergarten ____edeihen ____iloweise ____artoffeln.

4 Arbeiten mit Sätzen

Finde die richtigen Anfangsbuchstaben

13. In der ____utzerei werden ____laue ____olizeiuniformen gebügelt und die Knöpfe ____oliert.

14. Auf ____unten ____esenstielen ____lagen sich auch ____egabte Hexen ____eim ____ratapfelessen.

15. ____eilchen ____erwelken bei _____ehlerhafter Pflege ____ielleicht schneller.

16. ____reite _____rücken ____rechen ____ei _____rütend heißen Temperaturen ____ald.

17. In ____ortugal ____ringen _____istenraupen ____ulverschnee zum _____egutachten.

18. ____lattläuse ___eißen ____reite Löcher in ____illige ____flanzen.

19. ____leine ____raue ____aninchen ____rasen ____ östlichen ____lee ab.

20. ____iele ____eriengäste ____rieren mitgebrachte ____ische ein, wenn sie im ____luss ____lotte ____orellen ____angen.

21. ____ie ____urnenden ____iger ____urchqueren ____en ____ichten ____schungel ____ramatisch schnell.

22. Die ____illigen ____lastiktaschen der ____onbongeschäfte ____latzen ____lötzlich vor dem _____uchladen.

KOHL VERLAG Lesen lernen mit Ferdinand Legasthenie wirksam bekämpfen – Bestell-Nr. 12 410

4 Arbeiten mit Sätzen

Welche Buchstaben passen in die Lücke?

Aufgabe 2 : Lies die Wörter mit den Lücken laut vor und überlege, welcher Buchstabe passen könnte.

Achtung: Manchmal sind es auch 2 Buchstaben, die du einsetzen musst.

1. Wann bist du en_____lich mit dem _____ssen _____erti_____?
2. Wenn du nich_____ weißt, wo _____ortugal liegt, da_____ musst du auf den _____lobus schauen.
3. Die _____raut trägt ein weißes Klei_____ und der _____räutigam ein weißes Hem_____.
4. Ohne dich _____ehe ich nicht we_____.
5. Gestern ka_____ er sp_____t nachhause.
6. Beim Gewi_____er bli_____t und do_____ert es.
7. Freust du dich schon auf Wei_____achten?
8. Wir können den Ka_____ee auch auf der Te_____asse trinken, wenn du aufpasst, da_____ du keine Mü_____e verschlu_____st.
9. In diesem Gesch_____ft kannst du nicht mit der Karte beza_____len.
10. Morgen gehen wir im Wal_____ spaz_____ren und ho_____en, ein Wildschwein zu sehen.
11. Das bre_____ende Haus wurde von der Feuerwe_____r gelöscht.
12. Das Haus steht schon seit Tagen l_____r.
13. Ist es wa_____r, da_____ du die Sta_____ verlässt?
14. V_____le kleine Freudentr_____en liefen i_____r über die Wangen.
15. Zum _____inkaufen darfst du den Hund nicht mitne_____men.
16. Diese Au_____gabe hast du wunderba_____ gelöst.

4 Arbeiten mit Sätzen

Finde fehlende Umlautstriche

<u>Aufgabe 3</u> : Lies die Sätze laut vor und höre genau hin.
Über welchen Buchstaben fehlen die Striche?

1. Das schone Madchen verkleidete sich als Konigin.
2. Der Bar liegt in der Rauberhohle.
3. Seine Lieblingsbeschaftigung ist Schneckenhauser sammeln.
4. Sie schossen sieben Balle in die Nachbargarten.
5. Wenn du so schnell laufst, wackeln die Baume.
6. Er fand zwei Korbe voll Kirschen in den Strauchern.
7. Mein Hund hat Flohe.
8. Sie zahlt funf Muckenstiche.
9. Die Kuhe liegen im Gras und wiederkauen die Graser.
10. Ihre Lippen laufen bereits blaulich an.
11. Die frohlichen Kinder spielen Flote im Kindergarten.
12. Ich kann das Suppchen nicht mit dem Loffel essen.
13. Schon, dass du da bist.
14. Miriam ist großer als du, deshalb darf sie schon Dinge tun, die Große durfen.
15. Plotzlich begann es zu regnen und blitzen.
16. Tim ist wutend, weil Jens immer nur bose schaut und nichts sagt.
17. Das Geschaft schließt um zwolf.
18. Mochtest du frische Brotchen?
19. Konntest du mir bitte helfen?
20. Du musst das Feuer schnell loschen!
21. Das Loschfahrzeug halt vor der grunen Ampel.

KOHL VERLAG Lesen lernen mit Ferdinand
Legasthenie wirksam bekämpfen – Bestell-Nr. 12 410

4 Arbeiten mit Sätzen

Welches Satzzeichen fehlt?

Aufgabe 4 : Setze in die Lücken jeweils das passende Satzzeichen ein: Punkt (.), Komma (,), Ausrufezeichen (!) oder Fragezeichen (?)

1. Warum überquerst du die Straße nicht beim Zebrastreifen____
2. Sie war gestern nicht hier____
3. Du gehst hier nicht durch____
4. STOPP____ Der Zaun ist frisch gestrichen____
5. Wie heißt du____
6. Ich bin neu an dieser Schule____
7. Kennst du Tina wirklich nicht____
8. Wem hast du den Käse gegeben____
9. Sie war wirklich froh, die Nachbarin getroffen zu haben____
10. Freue dich nicht zu früh____
11. Obst ist gesund____
12. Gib mir deinen Pass____
13. Sie hat ihre Arbeit noch nicht abgegeben____
14. Bitte mach die Tür zu, es zieht____
15. Ich habe keine Ahnung, wo mein Sohn derzeit arbeitet____
16. Ist das Gemüse frisch____
17. Vorsicht____ Das Garagentor ist frisch gestrichen____
18. Niemals würde ich sie verraten____
19. Dieser Kaffee schmeckt scheußlich____
20. Ich werde mit seinem Vorgesetzten sprechen____
21. Würden Sie mir über die Straße helfen____
22. Darf ich ihnen die Tasche abnehmen____
23. Nein danke____ ich friere nicht____

4 Arbeiten mit Sätzen

Finde den Fehler

Aufgabe 5 : Hoppla, da hat Ferdinand wohl manche Endungen vergessen oder verwechselt. Kannst du ihm helfen?

1. Sie trinkt gerne schwarz Kaffee.
2. Er geht um neun Uhr in Bett.
3. Wir fahren mit den Bus nach Italien.
4. Normalerweise isst sie zwei Kugel Eis.
5. Sie hat ihr Geldbörse im Zug vergessen.
6. Am liebsten würde ich einen Pizza essen.
7. Anna schreibt Anton einem Brief.
8. Den Brief entnehme ich seine Stellungnahme.
9. Sie fuhren mit den Auto in die belebte Stadt.
10. Nein, ich werde dieser Telefonrechnung sicher nicht bezahlen.
11. Zu Weihnachten wünsche ich mich Weltfrieden und einen Flug ins All.
12. Wir könnten ihm bitten, die Gartentür zu reparieren.
13. Mit wen sprichst du?
14. Am Nachmittag kommt Oma zur Besuch.
15. Ich würde Ihnen gerne meinem Schneider empfehlen.
16. Könnten Sie meinen Sohn mitteilen, dass ich jetzt fahre?
17. Ich habe mir schon immer ein Pferd gewünscht, aber nie daran gedacht, jemals einen Kuh zu besitzen.
18. Dem schick älteren Herrn traue ich diese Greueltaten nicht zu.
19. Sie fuhr schon seit Jahr ohne Führerschein.
20. Er mähte den Rasen im Vorgarten, als die Nachbarin um Hilfe schreiend aus den Fenster sprang.
21. Im Supermarkt greift sie ständig in Naschregal.
22. Ich will kein Erbsen essen.
23. Am Donnerstag bekommen wir immer viele Hausaufgabe.
24. Nachdem er den Kaffee getrunken hatte, stellte er die leeren Tasse in das Spülbecken und verließ rasch das Haus.
25. An manchen Tagen bin ich daher ganz schön in Stress.

KOHL VERLAG Lesen lernen mit Ferdinand
Legasthenie wirksam bekämpfen – Bestell-Nr. 12 410

26. Seit den letzten Jahr spielt Volker im Verein Völkerball.
27. Seine Freude war ihn anzusehen.
28. Ohne dir fahre ich nicht in den Urlaub.

Aufgabe 6 : Hoppla, da hat Ferdinand wohl manche Buchstaben einfach vergessen. Kannst du ihm helfen?

1. In diesem Rhythmus kann ich nich tanzen.
2. Vielleicht könntest du so net sein und deiner Schwester bei der kommenden Mathehausübung helfen.
3. Wie sol ich die Zwetschkenknödel servieren?
4. Die Frau erlitt einen Schok.
5. Nachdem der Räuber das Geld erbeutet hat, flüchtet er zu Fuß in Richtung Inenstadt.
6. Am besten schmeckt ire Schokotorte.
7. Je länger ich darüber nachdenke, desto besser gefällt mir deine Ide.
8. Niemals könnte ich dein Lachen vergesen.
9. Zuerst dachte er, sie wäre irre, doch dann merkte er, das es ernst war.
10. Wenn ich groß bin, möchte ich von Stad zu Stad reisen und Konzerte spielen.
11. Nimand hört mir zu!
12. Ich liebe deine Bananetorte.

Aufgabe 7 : Hoppla, da hat Ferdinand wohl manche Buchstaben verwechselt. Kannst du ihm helfen?

1. Meinem Sohn gebe ich dieße Medizin sicher nicht.
2. Ich kaufe noch schnell eine Kleinichkeit zum Essen.
3. Oma ist eine gute Päckerin.
4. Ich geh jeden Nachmittag um fünf Uhr in die Musigschule.

5. Trotzdem macht das Musizieren immer noch grosen Spaß.
6. Wenn ich ein Konzert gebe und die Leute applaudieren, bin ich sehr stolz und finde, es zahlt sich aus, so hard zu arbeiten.
7. Wenn du mir beim Kochen helfen würdest, weren wir schneller fertig.
8. Niemant konnte ihm die Antwort geben.
9. Er hatte das Fahrrat am Bahnhof versperrt.
10. Im Herpst setzt er einen neuen gekauften Apfelbaum in den Garten.

<u>Aufgabe 8</u> : Hoppla, da hat Ferdinand wohl manche Wörter verwechselt. Kannst du ihm helfen?

1. Später merkten sie, dass der Auspuff verrostet war und suchten eine Werkstatt ab.
2. Sicher war es nicht einfach, am Sonntag einen geöffneten Supermarkt gefunden.
3. Mein Computer dürfte einen Bazillus abbekommen haben.
4. Der Bus war in einen Unfall gewickelt.
5. Heißer Tee hilft für Halsweh.
6. Er ist weder besonders gut oder schlecht.
7. Du sollst zweimal am täglich die Zähne putzen.
8. Was hat der Professor in seinem Artikel schreibt?
9. Im Winter kamen viele Terroristen zum Schifahren.
10. Nach der Reise war ich zu schwächer, um mir auch noch den Vortrag anzuhören.

KOHL VERLAG Lesen lernen mit Ferdinand Legasthenie wirksam bekämpfen – Bestell-Nr. 12 410

4 Arbeiten mit Sätzen

Finde den Fehler

Aufgabe 9 : Hoppla, da hat Ferdinand wohl manche Wörter vergessen. Kannst du ihm helfen?

1. In der Schule hat Lehrer heute keine Aufgabe gegeben.
2. „Spieglein, Spieglein, an Wand, wer ist die Schönste im ganzen Land?
3. Könntest du Radio leiser drehen?
4. Wie könnte diese Geschichte aus?
5. Die Touristen fuhren mit dem Jeep in Wüste.
6. Linda wuchs im Kinderheim.
7. Könntest du das Radio auf?
8. Die Lehrer demonstrieren vor Rathaus.
9. Da ich am Wochenende krank war, konnte ich Hausübungen machen.
10. Wir stellen Christbaum auf und schmücken ihn mit roten Kerzen.
11. Am liebsten ich Zuckerstangen.
12. Wahrscheinlich hat sie die Türglocke nicht gehört, weil der Staubsauger zu laut.
13. Der Bus hielt nicht an Station.
14. Sie telefoniert mit Lehrerin ihrer Tochter.
15. Enttäuscht wirft er die Zeitung in Mistkübel.
16. Frau Holle schüttelt ihre Polster, damit es auf Erde schneit.
17. Außerdem muss ich natürlich auch noch meine Aufgaben für Schule machen.
18. Wenn du zu Tante Rosi fährst, nimm bitte Regenschirm mit.

5 Arbeiten mit kurzen Texten

Finde die Fehler

<u>Aufgabe 1</u> : In jedem Text verstecken sich 10 Fehler. Male für jeden gefundenen Fehler ein Segment der Schlange grün aus.

Text 1

Seid es sich erinnern kann, ledt Kiri auf Schlos Stolperstein. Oben in der liken Dachkammer steht eine True. Dord schläft das kleine Gespenst den ganze Tag. Doch nachts schwebt es dann durchs Schloss. Es schaukelt in den uralte spinnweben und malt lustige Bilder auf die verstaubten fensterscheiben.

(Text: ERTL, Claudia: Buttermilch um Mitternacht, Wien, 2010)

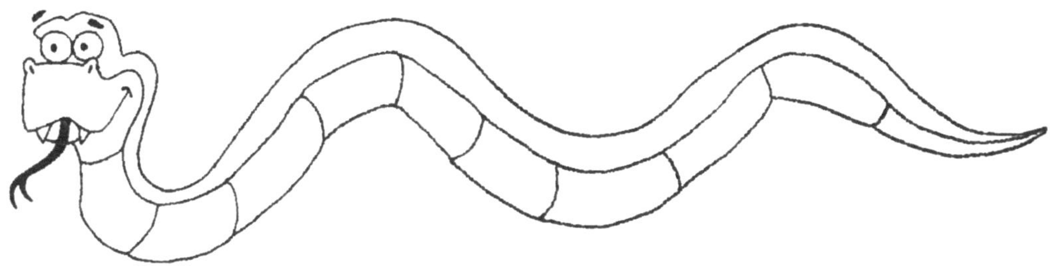

Text 2

So gerne wurde ich Mia und Flo zum spielen einladen, aber Mama erlaubt es nicht. „Wir kennen diese Menschen doch gar nich", sagt sie imma. „Stimmt gar nicht! Ich kenne Mia unt Flo! Und mit ihren Eltern muss ich ja nicht spielen." Doch Mama bleibt stur. Leider sind Mias Mama und Flos Eltern derselben Meinung. Wir müssen dafür sorgen, das sich die Erwachsenen treffen", stellt Flo fest. „Dann werben sie miteinander reden, einsehen, dass auch Nachbarn nete Kinder haben und uns gemeinsam spielen lasssen.

(Text: ERTL, Claudia: Als es bei und im Sommer schneite, Wien 2017)

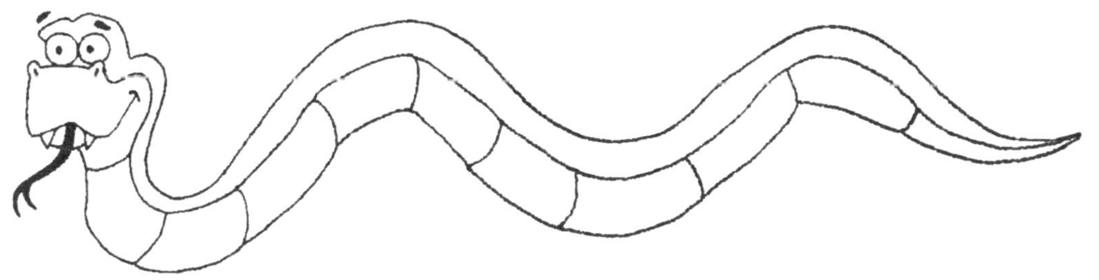

5 Arbeiten mit kurzen Texten

Finde die Fehler

Text 3

Es is vier uhr morgens. Draußen ist finstere Nacht. Die Stad scheint noch zu schlafen. Nur Frau Svoboda nicht, die poltert bereits zur tür herein. Einen kübel und Lappen in der einen, einen wischmopp und einen Besen in der anderen Hand, steuert sie schnurstracks auf den Lichtschalter zu. Dann fält ihr zuerst der besen, dann der Wischmopp und zum Schluss auch noch der kübel aus der Hand. Gleich darauf brennt Licht in der autobusgarage.

(Text: ERTL, Claudia: Unterwegs mit dem kleinen roten Autobus, Wien 2016)

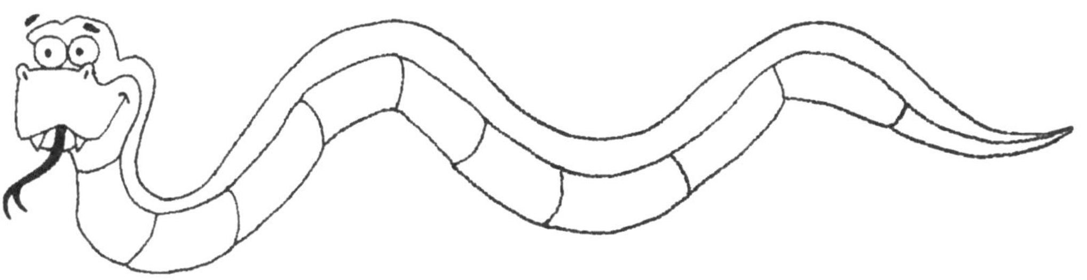

Text 4

„Aber mach schnell, sonst finden sie mich."

„Wer?", fragt Lukas wärend er sich die dicke Wolljacke überzieht.

„Na die Menschen. Sie haben angst vor mir. Sie renen schreiend davon. Auf der Hauptstraße bin ich versehentlich auf einen bus gestiegen. Plötzlich sind sie wie kleine Ameisen in alle richtungen auseinander gelaufen."

„Du bist auf einen bus gestiegen?", fragt Lukas ungläubig. Zwischen den stangen des Balkongeländers versucht er auf die füße des Sauriers zu schauen. Die Beine sehen aus wie riesige Säulen. Nein, da sollte man wirklich nicht darunter geraten. Aber was sol er nur mit dem Saurier tun? Dieser Diplodocus is so riesig wie ein ganzes Haus.

(Text: ERTL, Claudia: Buttermilch um Mitternacht, Wien, 2010)

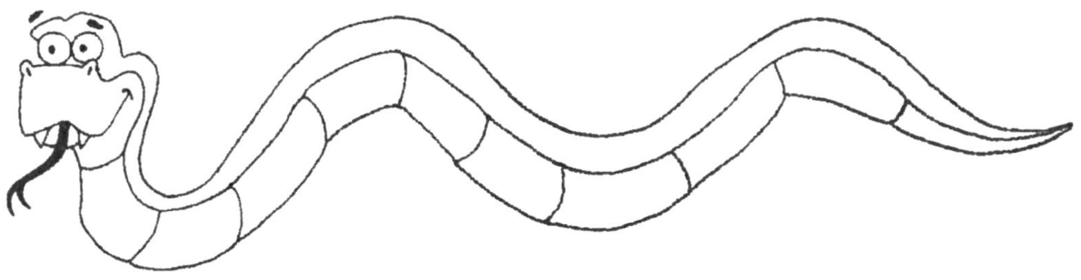

5 Arbeiten mit kurzen Texten

Finde die Fehler

Text 5

Es wa einmal vor langer Zeit, da lebte in unserem Zoo ein ganz besoderes Krokodil. Besonders war es vor alem wegen seiner Farbe. Normalerweise sind Krokodile grün oder bräunlich, dieses Krokodil Allerdings war blau.

Die Leute erzählten sich, das käme davon, weil es kein fleisch fraß. Wenn ihm der Tierpfleger im Zoo Feisch brachte, nam es keinen bissen davon zu sich. Dafür hate es eine Vorliebe für alles Süße. Das blaue Krokodil war ein richtiges Schleckermäulchen und liebte Kuchen, Torten, Schokoriegel, Kekse, Lollis und eis.

(Text: ERTL, Claudia: Ich will Schokolade, Wien 2018)

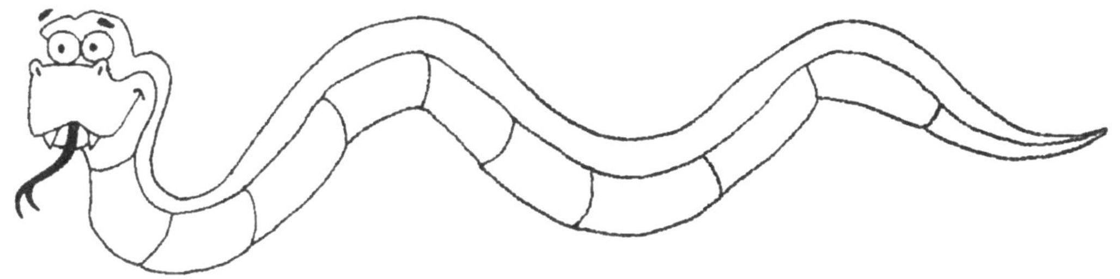

Text 6

Die beiden stehen mit gesenkten köpfen vor Tom. „Hab ich euch die gute Laune verdorben? Warum lass ir denn die Köpfe so hängen?"

„Wir dürfen dich nicht anschauen!", antwortet Terry.

„Aha! Das ist aber schade", meint Tom. „Dan könen wir ja nich miteinander spilen."

„Mama sagt, du bist körperlich Benachteiligt und hast deswegen ein Problem."

„Naja, mir felt ein Bein. Das stimmt. Man könnte sagen, ich bin körperlich benachteiligt, aber ich habe nicht wirklich ein Problem damit. Ich denke, ich könnte noch ganz Gut fangen spielen."

(Text: ERTL, Claudia: Der 3 - beinige Kater, Wien 2012)

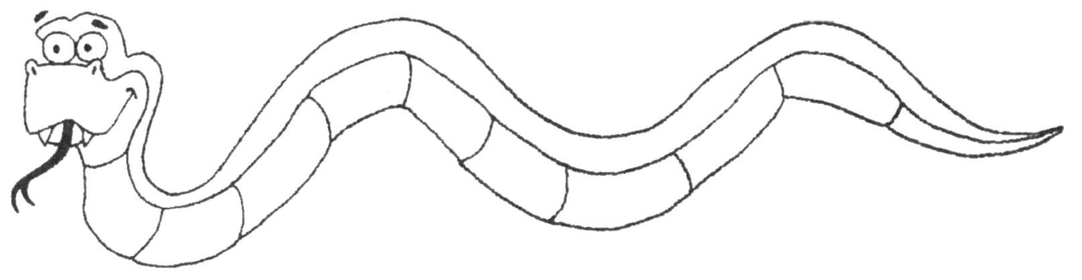

KOHL VERLAG Lesen lernen mit Ferdinand Legasthenie wirksam bekämpfen – Bestell-Nr. 12 410

5 Arbeiten mit kurzen Texten

Knobeltexte

<u>Aufgabe 2</u>: Lies den Text jeweils genau und beantworte die Fragen.

Sabine hat 5 Mäuse, 3 Katzen, 12 Sittiche, 5 Goldfische und 21 Frösche.

Frage: Wie viele Katzen hat Simone, wenn sie nur halb so viele als Sabine Sittiche hat?

2

In der Straßenbahn sitzen 27 Kinder und doppelt so viele Erwachsene. Tim und Nina haben rote Socken an, Regina grüne, Theo blaue und 14 Kinder orange. Die Hälfte der Erwachsenen trägt schwarze Socken. Die andere Hälfte weiße.

Frage: Wie viele Menschen tragen blaue Socken – Kinder und Erwachsene zusammengerechnet?

3

Tina ist die beste Schülerin der Klasse. Sie hat bereits 14 Hausübungen abgegeben. Meist hat sie darauf einen Einser bekommen und einen Sticker für besonderen Fleiß. Tina lernt gerne, aber nachmittags macht sie lieber Sport. Sie reitet auf ihrem Lieblingspony Lilli oder spielt Basketball. Josi ist Tinas beste Freundin, sie hat schon doppelt so viel Hausübungen gemacht aber nicht abgegeben. Josi ist ein Jahr älter als Tina und geht ebenfalls reiten. Außerdem kann sie ganz toll Klavier spielen.

Frage: Wie viele Hausübungen hat Josi schon abgegeben?

Violetta hat vier Kinder. Drei Söhne und 1 Tochter. Philipp ist 19, er spielt gerne Fußball und möchte einmal Sänger werden. Nikolas ist 2 Jahre älter, er ist Papas Liebling und bastelt gerne an seinem Auto herum. Melanie ist 5 Jahre älter als Philipp und arbeitet als Lehrerin und Mario ist genau halb so alt wie seine Schwester. Er ist der beste Koch der Familie.

Frage: Welcher Sohn ist der älteste?

5 Arbeiten mit kurzen Texten

Knobeltexte

5

Stefanie und Luis sind Geschwister. Sie bewohnen ein Haus mit 6 Wohnungen – 2 pro Geschoß. Stefanie wohnt mit ihrem Mann Viktor und den Töchtern Silke und Svenja links im Erdgeschoß. Luis mit seiner Frau Maria und dem Sohn Anton schräg über seiner Schwester. Sein Sohn Valentin wohnt oberhalb und seine Schwiegermutter Valerie unterhalb. Luis Schwester Dagmar wohnt im Obergeschoß.

Frage: Welche Wohnung wird nicht von der Familie bewohnt?
In welcher Wohnung wohnt Stefanies Schwester?

Herr S. Hat einen strikten Essplan. Montags isst er immer Brathuhn, dienstags Pizza, mittwochs Spaghetti, donnerstags Champignonschnitzel, freitags Fisch, samstags Gemüseeintopf und sonntags Schnitzel mit Kartoffelsalat.

Frage: Welcher Tag ist heute, wenn er vorgestern Gemüseeintopf gegessen hat?

Pauls Vater ist ein Autonarr. In seiner Garage steht ein Fahrrad in der hintersten Ecke, davor ein Mercedes älteren Baujahres, ein sportlicher BMW, ein Audi Combi und ein Mazda. Außerdem besitzt er noch einen Fiat Cabrio, den er meist vor dem Haus parkt und einen Pick up.

Frage: Wie viele Reifen muss er bestellen, wenn er für alle Zweiräder neue Reifen anschaffen will?

Es ist Kirschenernte. Oma pflückt 7 kg Kirschen, Nelly um 5 kg weniger. Opa pflückt doppelt so viele wie Nelly und Sina halb so viele wie Oma. Kilian pflückt dreimal so viele wie Nelly.

Frage: Wer pflückt die meisten Marillen?

KOHL VERLAG Lesen lernen mit Ferdinand
Legasthenie wirksam bekämpfen – Bestell-Nr. 12 410

5 Arbeiten mit kurzen Texten

Knobeltexte

Nina, Tom und Valentin sind Geschwister. An Samstagen fahren sie gerne in die Pizzeria.

Frage: Wieviel Plätze müssen sie reservieren, wenn jedes Kind auch seine Eltern mitnimmt?

Frederik isst gerne Obst, egal in welcher Form. Seine Mama ist Konditorin und berühmt für ihre guten Nusstorten. Für Hochzeiten backt sie weiße Joghurttorten, für Kindergeburtstage Schokoladetorten und die Omas im Heim bevorzugen ihre Rumkugeln.

Frage: Mit welcher Art von Kuchen macht sie ihrem Sohn eine Freude?

Am Freitagnachmittag besucht eine Schulklasse bestehend aus 25 Kindern und 3 Lehrern, eine Pfadfindergruppe bestehend aus 20 Kindern und drei Erwachsenen und eine Mutter mit vier Kindern die Zirkusvorstellung.

Frage: Wie viele Kinder sind im Zirkus?

5 Arbeiten mit kurzen Texten

Knobeltexte

Linas Mama hat insgesamt 8 Kinder. Am Donnerstag passt sie zusätzlich noch auf Zwillinge und Drillinge auf.

Frage: Wie viele Kinder hat Lina dann zum Spielen?

Stefan lebt auf einem Bauernhof, dort gibt es viele Tiere. Im Kuhstall stehen 6 Kühe, 3 Kühe stehen auf der Weide. Außerdem gibt es noch 12 Hühner und 8 Schweine, 9 Enten und doppelt so viele Hasen als Schweine. Ein Hund hütet den Hof.

Frage: Wie viele zweibeinige Tiere wohnen auf dem Hof?

Konstantins Opa besitzt einen riesigen Nadelwald. Dieser ist eingezäunt, um das Wild zu schützen, denn zwei Seiten des Waldes grenzen an eine mehrspurige Autobahn und eine Seite an einen riesigen Campingplatz. Im Sommer streifen Konstantin und sein Freund Georg durch den Wald. Sie klettern auf den von Opa gebauten Hochsitz und beobachten die Tiere mit ihrem Fernglas. Eines Tages waren sie so fasziniert, die Vogeljungen im Nest eines weit entfernten Baumes so nah und deutlich beobachten zu können, dass sie zu spät bemerkten, dass ein Gewitter aufzog. Konstantin, der sich im Wald seines Opas besser auskannte, wusste sofort, dass es zu spät war, den Wald zu verlassen. „Georg, stell dich unter die Birke!", rief er seinem Freund zu.

Frage: Was stimmt an dieser Geschichte nicht?

KOHL VERLAG Lesen lernen mit Ferdinand
Legasthenie wirksam bekämpfen – Bestell-Nr. 12 410

5 Arbeiten mit kurzen Texten

Knobeltexte

Oma Mühlbauer hat 5 Hühner. Eine Henne legt gar keine Eier mehr, die anderen legen brav jeden Tag außer Mittwoch ein Ei.

Frage: Wie viele Eier hat Oma Mühlbauer pro Woche?

Heute ist der 14.8.

Frage: In welchem Monat habe ich Geburtstag, wenn mein Geburtstag 3 Monate her ist?

Das ist wirklich so passiert: Ich kaufte eine Packung Haferflocken und überprüfte das Haltbarkeitsdatum: 31.6.2020.

Frage: Kann das wirklich sein?

Tina fährt jedes Wochenende zu ihrem Papa. Mit dem Zug fährt sie zuerst an einem Fluss entlang, dann kommt sie an einem Park und einem Spielplatz vorbei. Anschließend sieht sie eine alte verfallene Kirche, eine Kuhweide und einen Schrottplatz. Nach einer langen Strecke durch den Wald hat sie den Zielbahnhof erreicht.

Nun schließe deine Augen und überlege: Kommt Tina bei der Rückfahrt zuerst an der Kuhweide oder am Spielplatz vorbei?

5 Arbeiten mit kurzen Texten

Knobeltexte

19

Lennox und Klemens sind sehr lustige Gesellen. Sie erleben gerne Abenteuer und fahren daher oft weg. Eines Tages packte Lennox das Auto und überredete Klemens, mit ihm nach Frankreich zu fahren. Unterwegs stieg auch Robin zu, der seine kleine Schwester Lina und den Hund mit brachte. An der Grenze stellte Robin fest, dass er keinen Pass mit hatte und stieg wieder aus. Bei der nächsten Tankstelle stieg ein Mädchen mit einem Hund zu. Ihr Name war Iris und sie kannte sich in Frankreich gut aus. Als beim nächsten Halt noch Pierre und Fabienne zustiegen, wurde es Klemens zu bunt und er verließ das Auto. Eine Stunde später entdeckten sie am Autobahnparkplatz einen ausgesetzten Hund und nahmen auch diesen mit, daraufhin stieg Fabienne aus.

Frage: Wie viele Burschen saßen am Ende im Auto? Wie viele Mädels saßen im Auto? Wie viele Hunde saßen im Auto?

Herr Franz ist Straßenbahnfahrer von Beruf und fährt die Linie 29. Er ist ein zuverlässiger Mann. Seit 28 Jahren kommt er pünktlich zur Arbeit. Als eines Tages sein Kollege Herr Heinz erkrankt, bitte ihn sein Chef die Linie 56 am anderen Ende der Stadt zu übernehmen. Als die Straßenbahn abends nicht in der Remise eintrifft, meldet sich sein Chef bei ihm telefonisch und fragt nach seinem Verbleib. Herr Franz entschuldigt sich und meint: „Diese Linie bin ich zuvor noch nicht gefahren, es tut mir leid, ich habe mich verfahren und den Weg in die Remise nicht gefunden". „Erzählen Sie mir doch nicht so einen Blödsinn!", erwidert sein Chef.

Frage: Warum glaubt ihm der Chef nicht?

Fridolins Mama hat vier Kinder.

Frage: Sie heißen Januar, März, Mai und …?

6 Arbeiten mit längeren Texten

Geschichte 1

Aufgabe 1 : Lies die Geschichte aufmerksam durch.

Ein turbulentes Weihnachtsfest

Letztes Jahr beschloss ich, Weihnachten einmal anders zu feiern und nahm die Einladung meiner Nachbarn Vilma und Rudolf an. Vilma ist eine sehr ordnungsliebende Dame. In ihrem Haus sieht es aus wie in einem Museum. Überall im Haus stehen Dekorationsgegenstände. In Vilmas und Rudolfs Haus findet man kein Staubkörnchen, keinen Fingerabdruck, man traut sich kaum auf dem Wohnzimmersofa Platz zu nehmen, um diese perfekte Ordnung nicht zu zerstören.

Umso erstaunter war ich, als mir Vilma mitteilte, ihre Söhne würden ebenfalls mit Frau und Kindern beziehungsweise mit Frau und Hund zu Besuch kommen.

Als ich am Heiligen Abend gegen 17 : 00 Uhr bepackt mit Geschenken das Nachbarhaus betrat, war noch alles in bester Ordnung. Rudolf stellte mir seine beiden Söhne Andreas und Jakob vor. Andreas war mit seiner Frau Jane und den dreijährigen Zwillingen Max und Moritz gekommen, Jakob mit Freundin Jessica und dem Jack Russel Terrier Jolly. Das Fest versprach spannend zu werden.

Es dauerte auch gar nicht lange, bis sich die Katastrophe anbahnte. Vilma war in der Küche mit den Vorbereitungen für das Abendessen beschäftigt. Sie suchte eine geeignete Schüssel für den Krautsalat, der zu Schweinebraten und Knödel serviert werden sollte. Jane stapelte mitgebrachte Kekse auf einen Teller und die Herren tranken gemeinsam mit Jessica einen Aperitif im Wohnzimmer neben dem Weihnachtsbaum, unter dem sich bereits massenhaft Geschenke befanden.

Die aufgeregten Burschen vertrieben sich die Zeit mit dem Versteckspiel. Plötzlich hörten wir einen entsetzlichen Krach, irgendetwas war zu Bruch gegangen. Ich stürmte ins Vorzimmer und sah einen riesigen Scherbenhaufen. Zwei Bodenvasen hatten dem Versteckspiel der beiden Burschen nicht standgehalten.

6 Arbeiten mit längeren Texten

Geschichte 1

Einen Augenblick später erschien Jane im Türrahmen und nachdem sie den Scherbenhaufen gesehen hatte, suchte sie panisch nach ihren Sprösslingen, in der Annahme, dass diese schwer verletzt seien. Doch die beiden Burschen hatten sich bereits ins Wohnzimmer verzogen, ohne von ihrem Vater bemerkt zu werden, der seinerseits in Richtung Vorzimmer stürmte. In dem Moment, als er die Tür erreicht hatte, stieß seine Frau von außen so stark gegen die Glastür, sodass das Glas zersprang und Andreas die Hand zerschnitt, die soeben noch nach der Türschnalle greifen wollte. Als Vilma mit dem Schweinebraten in der Hand die blutende Verletzung ihres Sohnes sah, fiel ihr der Schweinebraten in die Scherben.

Aufgrund der ständigen Splittergeräusche neugierig geworden, kam nun auch Rudolf angehumpelt. Er war altersbedingt nicht mehr so gut zu Fuß und bevor er noch den Ernst der Lage erfassen konnte, stürzte er über Jolly, den Hund, hielt sich in seiner Panik am Christbaum neben der Tür fest, dieser schwankte und kippte schließlich zur Seite. Zahlreiche Christbaumkugeln zerbarsten auf dem frisch eingelassenen Eichenfußboden.

Ich schnappte mir die Zwillinge und schob sie vom Unglücksort weg. Im Garten bauten wir einen Schneemann und hatten dabei viel Spaß. Während die anderen im Haus Scherben entsorgten, Schnittwunden versorgten und den Baum wieder gerade richteten, waren wir so beschäftigt, dass wir beinahe den Grund unseres heutigen Zusammenkommens vergessen hätten.

KOHL VERLAG Lesen lernen mit Ferdinand
Legasthenie wirksam bekämpfen – Bestell-Nr. 12 410

6 Arbeiten mit längeren Texten

Geschichte 1

Aufgabe 2 : Beantworte jetzt die Fragen zu der Geschichte.

1. Wie viele Gäste haben Vilma und Rudolf eingeladen?
2. Nenne alle Gäste beim Namen.
3. Wie heißen die Söhne der Nachbarn?
4. Warum traut man sich kaum, sich auf das Wohnzimmersofa zu setzen?
5. Wer ist Jessica?
6. Welche Hunderasse ist Jolly?
7. Wofür sucht Vilma eine Schüssel?
8. Wer zerbricht die Vasen im Vorzimmer?
9. Was machen die Männer und Jessica im Wohnzimmer?
10. Was macht Jane, bevor die ersten Scherben klirren?
11. Wer schubst die Glastür, sodass sie zerbricht?
12. Wer verletzt sich mit den Splittern der Glastür?
13. Was passiert mit dem Schweinebraten?
14. Welchen Fußboden haben Vilma und Rudolf im Wohnzimmer?
15. Worüber stolpert Rudolf?
16. Wieso zerbrechen zahlreiche Christbaumkugeln?
17. Was macht der Erzähler mit den Kindern im Garten?
18. Was machen die Leute, die im Haus bleiben?
19. Was war der eigentliche Grund des Zusammenkommens?

6 Arbeiten mit längeren Texten

Geschichte 2

<u>Aufgabe 3</u> : Lies die Geschichte aufmerksam durch.

Ein unglaublicher Waldspaziergang

Letzten Sonntag gingen Mama und Papa aus. Sie wollten für mich einen Babysitter organisieren, aber ich bin doch kein Baby mehr. „Ich bin doch schon 10 Jahre", sagte ich ganz entrüstet, sodass Mama mich beim Wort nahm.

Kaum waren Mama und Papa aus dem Haus, läutete mein Nachbar Carlos Sturm. Er hätte sich nicht getraut, einen Abend allein zu bleiben, obwohl er schon ein Jahr älter ist als ich und staunte nicht schlecht über meine Entschlossenheit, im Dunkeln durch den nahen Wald zu spazieren, aber begleiten wollte er mich lieber nicht.

So packte ich zwei Wurstbrote und mein Handy und marschierte eilig in den Wald. Kaum hatte ich den Waldweg betreten, hörte ich bereits seltsame Rufe. Da ich von Natur aus neugierig war, ging ich schneller den Rufen entgegen. Auf einem umgestürzten Baumstamm konnte ich ein junges Mädchen entdecken, sie rief um Hilfe, allerdings konnte ich ihre Sprache nicht verstehen. Als sie mich sah, zeigte sie panisch auf den Baum etwa zwanzig Meter vor uns. Oben in der Baumkrone saß ein Jaguar und beobachtete uns interessiert. Ich nahm die Hand des Mädchens und wollte sie schnell wegziehen, da erst merkte ich, dass ihr Bein unter dem Baumstamm eingeklemmt war. Mit einem gekonnten Griff schleuderte ich den Baumstamm von dem Mädchen, sodass nicht nur sie sondern auch ich über meine Kräfte staunte. Das Mädchen stand auf und gab mir die Hand. Ich zog sie auf den Weg, von dem ich gekommen war. Doch dieser Weg teilte sich plötzlich und alles sah so anders aus als zuvor. Noch bevor ich mich für einen Weg entscheiden konnte, schlug ein gewaltiger Blitz direkt vor uns ein und ich erkannte drei Wölfe, die mich mit ihren hungrigen Augen genau musterten. Ich riss den Baum neben mir aus und schlug die Wölfe in die Flucht.

Da tat sich der Boden vor uns auf und wir stürzten hunderte Meter tief ins Ungewisse. Sekunden später landeten wir im kühlen Wasser. Ich zog das geschockte Mädchen hinter mir her ans Ufer. Nur knapp entkamen wir den scharfen Zähnen eines angriffslustigen Krokodils. Kaum hatten wir uns den Hügel hinaufgeschleppt, sahen wir ein überdimensional großes, dunkles Eichhörnchen mit einem knallroten Schild in der Hand, auf dem das Wort „TAXI" prangte. Einige Meter entfernt stand tatsächlich ein Porsche mit laufendem Motor, hinterm Steuer saß ein Schneemann.

KOHL VERLAG Lesen lernen mit Ferdinand
Legasthenie wirksam bekämpfen – Bestell-Nr. 12 410

6 Arbeiten mit längeren Texten

Geschichte 2

Ohne zu zögern stiegen wir ein, keine Sekunde zu spät. Schon flogen uns tausende Pfeile hinterher. Wir wurden von einer Herde Elefanten verfolgt, auf deren Rücken Indianer mit prächtigem Federschmuck saßen und ihre Pfeile auf uns schossen. Gott sei Dank war auf den Porsche Verlass, er startete wie eine Rakete und rettete uns auf einen abgelegenen Bauernhof. Schade nur, dass mir beim Sturz in den Heuhaufen mein Mobiltelefon aus der Hosentasche rutschte und noch bevor ich mich aus dem stacheligen Haufen befreien konnte, hatte es eine Ziege gefressen.

Aufgabe 4 : Beantworte jetzt die Fragen zu der Geschichte.

1. Wann gingen Mama und Papa aus?
2. Warum organisierten sie keinen Babysitter?
3. Ist Carlos älter oder jünger als der Erzähler?
4. Wohin wollte der Erzähler allein gehen?
5. Was hörte er, als er den Waldweg betrat?
6. Welches Tier saß in der Baumkrone?
7. Warum konnte das Mädchen nicht flüchten?
8. Was sahen die beiden, als der Blitz direkt vor ihnen einschlug?
9. Wie konnten sie dieser Gefahr entkommen?
10. War das Wasser warm?
11. Welche Gefahr lauerte im Wasser?
12. Wie sah das Eichhörnchen in der Geschichte aus?
13. Wer saß hinterm Steuer des Porsches?
14. Wer schoss die Pfeile hinter dem Erzähler und dem Mädchen nach?
15. Wohin fuhr das Auto?
16. Wo verlor der Erzähler sein Handy?
17. Fand er es wieder?

6 Arbeiten mit längeren Texten

Brief

Aufgabe 5 : Lies den Brief aufmerksam durch.

Lieber Max!

Ich hoffe, du hattest einen schönen Sommer!

Meine Ferien waren sehr anstrengend. Zuerst wollte ich mit der Bahn zu meiner Tante in die Schweiz. Dort sollte ich Französisch lernen. Meine Tante ist sehr vornehm und gescheit, deshalb verlangte Mama, dass ich jeden Tag fesch angezogen bin und viel lerne. So reiste ich mit zwei großen Koffern vollgestopft mit eleganter Kleidung und wichtigen Büchern ab. Kaum hatte ich das schwere Gepäck im Zug verstaut, da verließ er auch schon den Bahnhof.

Papas aufgeregtes Winken konnte ich anfangs nicht verstehen, doch dann bemerkte ich, dass er meine Lieblingskekse in der Hand hielt. Ohne Kekse konnte ich natürlich nicht abfahren. Ich reagierte blitzschnell und zog die Notbremse, schließlich handelte es sich bei mir um einen Notfall. Der Zug blieb stehen, Papa eilte zu meinem Zugfenster und reichte mir die Kekse. Auch der Schaffner war schnell zur Stelle. Er wollte den Notfall nicht einsehen und lehnte auch eine Kostprobe ab, somit konnte er meine Beweggründe nicht nachvollziehen. Zuerst diskutierte er eine Weile mit Papa, der ihm meine Lage zu erklären versuchte, doch dann gab er dem Lokführer ein Zeichen, dass es weitergehen könne und sprang verärgert in den Zug.

Während der Debatte mit dem Schaffner hatte mein Papa jedoch mein Zugticket an sich genommen. Nun befand ich mich im Zug und das Ticket in den Händen meines Vaters am Bahnsteig. Ohne Ticket konnte ich nicht in die Schweiz reisen, da sah ich nur einen Ausweg. Die Notbremse! Diesmal ließ der Schaffner nicht mit sich reden, er warf meine Koffer aus dem Zug und verlangte, dass ich den Zug verlasse. Ohne Koffer konnte ich nicht reisen, also folgte ich meinem Gepäck.

Schließlich entschied Papa, mich auf den Flughafen zu bringen, mit dem Flugzeug würde ich sicher und schnell an meinem Ziel ankommen. Zwei Stunden später bestieg ich das Flugzeug. Die Kekse in meiner Hand waren in der Zwischenzeit geschmolzen, die Schokocreme rann über meine Ellbogen in mein frisch gebügeltes weißes Hemd und tropfte auch auf meine helle Hose.

KOHL VERLAG Lesen lernen mit Ferdinand Legasthenie wirksam bekämpfen – Bestell-Nr. 12 410

Brief

So konnte ich der vornehmen Tante nicht unter die Augen treten. Auf der Flugzeugtoilette versuchte ich mein Hemd sauber zu waschen, jedoch mit mäßigem Erfolg. Nun waren nicht nur braune Streifen sondern bräunliche Flecken auf meiner Kleidung zu sehen, die obendrein auch noch ziemlich nass war. Einige Passagiere starrten mich komisch an, aber das ertrug ich mit Fassung. Der Flug würde nicht lange dauern, spätestens am Flughafen in Zürich könnte ich mein Gepäck holen und meine Kleidung wechseln.

Eine Stunde später starrte ich auf das Gepäckband, das sich schon seit einigen Minuten nicht mehr bewegte. Alle Fluggäste hatten in der Zwischenzeit ihr Gepäck abgeholt – nur ich stand immer noch nass und schmutzig vor dem Förderband und schickte ein Stoßgebet zum Himmel. Doch alles flehen half nichts. Die Koffer tauchten nicht auf. So griff ich in die Tasche und holte meinen Notgroschen hervor. Ich kaufte eine sehr elegante Hose und ein weißes Hemd und entsorgte die Schmutzwäsche. Nun konnte ich Tante Agatha unter die Augen treten.

Aber wer war diese Dame? Das konnte doch unmöglich die Tante sein, von der mir Mama immer erzählte. Anstatt einer alten pingeligen Dame mit grauem Haarknoten und Federhut, erwartete mich eine lustige Frau in Motorradmontur. Ihr Haar war rot gefärbt und stand wild vom Kopf ab. Sie war stark geschminkt und sie grinste von einem Ohr zum anderen.

Ich war richtig erleichtert, als ich auf sie zuging und mich vorstellte. Tante Agatha begrüßte mich herzlich, aber als sie an mir hinunterblickte, schüttelte sie etwas angewidert den Kopf und meinte: An deinem Kleidungsstil müssen wir noch arbeiten.

Dann fuhren wir mit dem Motorrad los und kauften richtig coole Sachen, wie sie Mama niemals erlaubt hätte. Danach begannen für mich die tollsten Ferien meines Lebens. Ich hatte ein eigenes Zimmer mit einem riesigen Fernseher, jeden Tag gab es Eis und das Beste kommt noch, wir haben kein einziges Mal ein Buch angesehen, stattdessen waren wir surfen und tauchen.

Ich hoffe, wir sehen uns bald wieder,

Dein Konstantin

6 Arbeiten mit längeren Texten

Brief

Aufgabe 6 : Beantworte jetzt die Fragen zu dem Brief.

1. In welches Land möchte Konstantin reisen?
2. Wen soll er besuchen?
3. Soll er dort Englisch lernen?
4. Wie wird Konstantins Tante zuerst beschrieben?
5. Was verlangt Mama von Konstantin?
6. Wie viele Koffer hat Konstantin mit?
7. Warum winkte Papa aufgeregt?
8. Hat Konstantin beim Einsteigen in den Zug ein Ticket?
9. Erfährt man in der Geschichte, wie viel das Zugticket gekostet hat?
10. Warum zog Konstantin die Notbremse?
11. Handelte es sich bei Konstantin wirklich um einen Notfall?
12. Verstand der Schaffner Konstantins Notfall? Wie reagierte er?
13. Warum zog Konstantin erneut die Notbremse?
14. Wie gelangte Konstantin schließlich in die Schweiz?
15. Wie versuchte Konstantin seine Kleidung zu retten, nachdem die Schokoladencreme auf sein frisch gebügeltes Hemd und die helle Hose geronnen war?
16. Warum kaufte Konstantin elegante Kleidung?
17. Wie sah die Tante aus?
18. Hatte sie Ähnlichkeit mit Mamas Beschreibung?
19. Was kaufte er mit der Tante? War sie zufrieden mit seinem Kleidungsstil?
20. Was machte Konstantin in der Schweiz?
21. Genoss er die Ferien oder langweilte er sich?

Lösungen

1 Arbeiten mit Bildern

Finde die Fehler

Aufgabe 1:

Welcher Würfel passt nicht?

Aufgabe 2: **1. Reihe:** der zweite; **2. Reihe:** der fünfte; **3. Reihe:** der sechste; **4. Reihe:** der erste; **5. Reihe:** der neunte; **6. Reihe:** der sechste.

Welches Haus passt nicht?

Aufgabe 3: **1. Reihe:** drittes Haus; **2. Reihe:** zehntes Haus; **3. Reihe:** fünftes Haus; **4. Reihe:** siebtes Haus; **5. Reihe:** fünftes Haus; **6. Reihe:** elftes Haus.

Merke dir das Bild! (1)

Aufgabe 5: **1.** links; **2.** drei; **3.** ein spitzes Dach; **4.** rechts; **5.** 14 Fenster; **6.** 4 Fenster sind vergittert; **7.** links hinter dem Haus; **8.** zwei Vögel; **9.** rechts; **10.** ein Nadelbaum; **11.** zwei Blumen; **12.** links vor dem Haus

Merke dir das Bild! (2)

Aufgabe 7: **1.** 14 Tiere; **2.** Hasen, Dachs, Igel, Wildschwein, Fuchs, Rehe, Hirsch, Vögel, Eichhörnchen, Eule; **3.** mehr Vierbeiner; **4.** ein Tier (Hirsch); **5.** Igel; **6.** rechts; **7.** Eule; **8.** Eichhörnchen und Fuchs; **9.** auf dem linken; **10.** nein; **11.** ja; **12.** vorne unten; **13.** rechts; **14.** links vorne.

2 Arbeiten mit Buchstaben

Welcher Buchstabe im ABC fehlt?

Aufgabe 1: Lösungswort: **F L I E G E**

Buchstaben suchen

Aufgabe 2: **1.** den kleinen Buchstaben d: 17x; **2.** den kleinen Buchstaben b: 6x; **3.** den kleinen Buchstaben p: 9x; **4.** den kleinen Buchstaben q: 10x; **5.** den kleinen Buchstaben t: 11x; **6.** den kleinen Buchstaben f: 12x.

3 Arbeiten mit Wörtern

Quatschwörter lesen

Aufgabe 1: Individuelle Lösungen

Welches Wort passt?

Aufgabe 2: Papagei: das vierte; Brückenpfeiler: das fünfte; während: das vierte; Weihnachten: das zweite und das fünfte; Salatschüssel: das zweite; Schlossgespenst: das vierte; Schneeballschlacht: das fünfte; Schlittenfahrt: das dritte; Ferienbeginn: das erste und das fünfte; Käfigtierhaltung: das fünfte; Butterbrot: das dritte und das fünfte; Kreidestaub: das zweite und das vierte; Fahrradanhänger: das fünfte; Verkehrschaos: das zweite; Radieschen: das dritte und das fünfte; Hemdkragen: das fünfte; Gehsteig: das zweite; plötzlich: das erste und das dritte.

4 Arbeiten mit Sätzen

Finde die richtigen Anfangsbuchstaben

Aufgabe 1:

1. **F**ranz **F**erdinand **f**eiert **f**röhlich **V**atertag.
2. **G**erda **g**räbt **g**roße **G**räben in den **k**urvigen **G**artenweg.
3. **K**onstantin **k**lebt **k**leine **K**ugeln an die **g**litzernde **G**laswand.
4. Am **V**alentinstag **f**reut sich **V**alerie über **f**antastische **V**alentinsgrüße.
5. **V**erena und **V**iktoria **f**egen den **F**ahrradweg **f**rei.

Lösungen

4

6. In den Ferien freut sich fast jeder Feriengast über fabelhaftes Wetter.
7. Tannengrüne Taxis durchqueren die tropfnasse Durchfahrt.
8. Graue Gänse kreischen laut im grünen Gras.
9. Giftgrüne Gurken koste ich lieber nicht.
10. Drei dämliche Dackel tauchen durch den tiefen Teich.
11. Vier füllige Frauen verwandeln Vorhangstoff in prächtige Frauenkleider.
12. Im Kräutergarten gedeihen kiloweise Kartoffeln.
13. In der Putzerei werden blaue Polizeiuniformen gebügelt und die Knöpfe poliert.
14. Auf bunten Besenstielen plagen sich auch begabte Hexen beim Bratapfelessen.
15. Veilchen verwelken bei fehlerhafter Pflege vielleicht schneller.
16. Breite Brücken brechen bei brütend heißen Temperaturen bald.
17. In Portugal bringen Pistenraupen Pulverschnee zum Begutachten.
18. Blattläuse beißen breite Löcher in billige Pflanzen.
19. Kleine graue Kaninchen grasen köstlichen Klee ab.
20. Viele Feriengäste frieren mitgebrachte Fische ein, wenn sie im Fluss flotte Forellen fangen.
21. Die turnenden Tiger durchqueren den dichten Dschungel dramatisch schnell.
22. Die billigen Plastiktaschen der Bonbongeschäfte platzen plötzlich vor dem Buchladen.

Welche Buchstaben passen in die Lücke?

Aufgabe 2:
1. Wann bist du endlich mit dem Essen fertig?
2. Wenn du nicht weißt, wo Portugal liegt, dann musst du auf den Globus schauen.
3. Die Braut trägt ein weißes Kleid und der Bräutigam ein weißes Hemd.
4. Ohne dich gehe ich nicht weg.
5. Gestern kam er spät nachhause.
6. Beim Gewitter blitzt und donnert es.
7. Freust du dich schon auf Weihnachten?
8. Wir können den Kaffee auch auf der Terrasse trinken, wenn du aufpasst, dass du keine Mücke verschluckst.
9. In diesem Geschäft kannst du nicht mit der Karte bezahlen.
10. Morgen gehen wir im Wald spazieren und hoffen, ein Wildschwein zu sehen.
11. Das brennende Haus wurde von der Feuerwehr gelöscht.
12. Das Haus steht schon seit Tagen leer.
13. Ist es wahr, dass du die Stadt verlässt?
14. Viele kleine Freudentränen liefen ihr über die Wangen.
15. Zum Einkaufen darfst du den Hund nicht mitnehmen.
16. Diese Aufgabe hast du wunderbar gelöst.

Finde fehlende Umlautstriche

Aufgabe 3:
1. Das schöne Mädchen verkleidete sich als Königin.
2. Der Bär liegt in der Räuberhöhle.
3. Seine Lieblingsbeschäftigung ist Schneckenhäuser sammeln.
4. Sie schossen sieben Bälle in die Nachbargärten.
5. Wenn du so schnell läufst, wackeln die Bäume.
6. Er fand zwei Körbe voll Kirschen in den Sträuchern.
7. Mein Hund hat Flöhe.
8. Sie zählt fünf Mückenstiche.
9. Die Kühe liegen im Gras und wiederkäuen die Gräser.
10. Ihre Lippen laufen bereits bläulich an.
11. Die fröhlichen Kinder spielen Flöte im Kindergarten.
12. Ich kann das Süppchen nicht mit dem Löffel essen.
13. Schön, dass du da bist.
14. Miriam ist größer als du, deshalb darf sie schon Dinge tun, die Große dürfen.
15. Plötzlich begann es zu regnen und blitzen.
16. Tim ist wütend, weil Jens immer nur böse schaut und nichts sagt.
17. Das Geschäft schließt um zwölf.
18. Möchtest du frische Brötchen?
19. Könntest du mir bitte helfen?
20. Du musst das Feuer schnell löschen!
21. Das Löschfahrzeug hält vor der grünen Ampel.

Welches Satzzeichen fehlt?

Aufgabe 4: **1.** Fragezeichen; **2.** Punkt; **3.** Ausrufezeichen; **4.** Ausrufezeichen, Punkt; **5.** Fragezeichen; **6.** Punkt; **7.** Fragezeichen; **8.** Fragezeichen; **9.** Punkt; **10.** Ausrufezeichen; **11.** Punkt; **12.** Ausrufezeichen; **13.** Punkt; **14.** Ausrufezeichen; **15.** Punkt; **16.** Fragezeichen; **17.** Ausrufezeichen, Punkt; **18.** Ausrufezeichen; **19.** Punkt; **20.** Punkt; **21.** Fragezeichen; **22.** Fragezeichen; **23.** Komma, Punkt.

Lösungen

4 Arbeiten mit Sätzen

Finde den Fehler

Aufgabe 5: **1.** schwarzen Kaffee; **2.** ins Bett.; **3.** mit dem Bus; **4.** zwei Kugeln Eis.; **5.** ihre Geldbörse; **6.** eine Pizza; **7.** einen Brief.; **8.** Dem Brief; **9.** dem Auto; **10.** diese Telefonrechnung; **11.** wünsche ich mir; **12.** ihn bitten; **13.** Mit wem; **14.** zu Besuch; **15.** meinen Schneider; **16.** meinem Sohn; **17.** eine Kuh; **18.** schicken älteren Herrn; **19.** seit Jahren; **20.** aus dem Fenster; **21.** ins Naschregal; **22.** keine Erbsen; **23.** Hausaufgaben; **24.** die leeren Tassen; **25.** im Stress; **26.** dem letzten Jahr; **27.** ihm anzusehen; **28.** Ohne dich.

Aufgabe 6: **1.** nicht tanzen; **2.** so nett; **3.** Wie soll; **4.** einen Schock; **5.** Innenstadt; **6.** ihre Schokotorte; **7.** Idee; **8.** vergessen; **9.** dass; **10.** Stadt zu Stadt; **11.** Niemand; **12.** Bananentorte.

Aufgabe 7: **1.** diese; **2.** Kleinigkeit; **3.** Bäckerin; **4.** Musikschule; **5.** großen; **6.** hart; **7.** wären; **8.** Niemand; **9.** Fahrrad; **10.** Herbst.

Aufgabe 8:
1. Später merkten sie, dass der Auspuff verrostet war und suchten eine Werkstatt **auf**.
2. Sicher war es nicht einfach, am Sonntag einen geöffneten Supermarkt **zu finden**.
3. Mein Computer dürfte einen **Virus** abbekommen haben.
4. Der Bus war in einen Unfall **verwickelt**.
5. Heißer Tee hilft **gegen** Halsweh.
6. Er ist weder besonders gut **noch** schlecht.
7. Du sollst zweimal am **Tag** die Zähne putzen.
8. Was hat der Professor in seinem Artikel **geschrieben**?
9. Im Winter kamen viele **Touristen** zum Schifahren.
10. Nach der Reise war ich zu **schwach**, um mir auch noch den Vortrag anzuhören.

Aufgabe 9:
1. In der Schule hat **der** Lehrer heute keine Aufgabe gegeben.
2. „Spieglein, Spieglein, an **der** Wand, wer ist die Schönste im ganzen Land?
3. Könntest du **das** Radio leiser drehen?
4. Wie könnte diese Geschichte aus**gehen**?
5. Die Touristen fuhren mit dem Jeep in **die** Wüste.
6. Linda wuchs im Kinderheim **auf**.
7. Könntest du das Radio auf**drehen**?
8. Die Lehrer demonstrieren vor **dem** Rathaus.
9. Da ich am Wochenende krank war, konnte ich **keine** Hausübungen machen.
10. Wir stellen **den** Christbaum auf und schmücken ihn mit roten Kerzen.
11. Am liebsten **esse** ich Zuckerstangen.
12. Wahrscheinlich hat sie die Türglocke nicht gehört, weil der Staubsauger zu laut **war**.
13. Der Bus hielt nicht an **der** Station.
14. Sie telefoniert mit **der** Lehrerin ihrer Tochter.
15. Enttäuscht wirft er die Zeitung in **den** Mistkübel.
16. Frau Holle schüttelt ihre Polster, damit es auf **der** Erde schneit.
17. Außerdem muss ich natürlich auch noch meine Aufgaben für **die** Schule machen.
18. Wenn du zu Tante Rosi fährst, nimm bitte **einen/den** Regenschirm mit.

5 Arbeiten mit kurzen Texten

Finde die Fehler

Aufgabe 1:

Text 1:

Seit es sich erinnern kann, **lebt** Kiri auf **Schloss** Stolperstein. Oben in der **linken** Dachkammer steht eine **Truhe**. **Dort** schläft das kleine Gespenst den **ganzen** Tag. Doch nachts schwebt es dann durchs Schloss. Es schaukelt in den **uralten Spinnweben** und malt lustige Bilder auf die verstaubten **Fensterscheiben**.

Text 2:

So gerne **würde** ich Mia und Flo zum **Spielen** einladen, aber Mama erlaubt es nicht. „Wir kennen diese Menschen doch gar **nicht**", sagt sie **immer**. „Stimmt gar nicht! Ich kenne Mia **und** Flo! Und mit ihren Eltern muss ich ja nicht spielen." Doch Mama bleibt stur. Leider sind Mias Mama und Flos Eltern derselben Meinung. Wir müssen dafür sorgen, **dass** sich die **Erwachsenen** treffen", stellt Flo fest. „Dann **werden** sie miteinander reden, einsehen, dass auch Nachbarn **nette** Kinder haben und uns gemeinsam spielen **lassen**.

Lösungen

5 Arbeiten mit kurzen Texten

Finde die Fehler

Text 3:

Es **ist** vier **Uhr** morgens. Draußen ist finstere Nacht. Die **Stadt** scheint noch zu schlafen. Nur Frau Svoboda nicht, die poltert bereits zur **Tür** herein. Einen **Kübel** und Lappen in der einen, einen **Wischmopp** und einen Besen in der anderen Hand, steuert sie schnurstracks auf den Lichtschalter zu. Dann **fällt** ihr zuerst der **Besen**, dann der Wischmopp und zum Schluss auch noch der **Kübel** aus der Hand. Gleich darauf brennt Licht in der **Autobusgarage**.

Text 4:

„Aber mach schnell, sonst finden sie mich."

„Wer?", fragt Lukas **während** er sich die dicke Wolljacke überzieht.

„Na die Menschen. Sie haben **Angst** vor mir. Sie **rennen** schreiend davon. Auf der Hauptstraße bin ich versehentlich auf einen **Bus** gestiegen. Plötzlich sind sie wie kleine Ameisen in alle **Richtungen** auseinander gelaufen."

„Du bist auf einen **Bus** gestiegen?", fragt Lukas ungläubig. Zwischen den **Stangen** des Balkongeländers versucht er auf die **Füße** des Sauriers zu schauen. Die Beine sehen aus wie riesige Säulen. Nein, da sollte man wirklich nicht darunter geraten. Aber was **soll** er nur mit dem Saurier tun? Dieser Diplodocus **ist** so riesig wie ein ganzes Haus.

Text 5:

Es **war** einmal vor langer Zeit, da lebte in unserem Zoo ein ganz **besonderes** Krokodil. Besonders war es vor **allem** wegen seiner Farbe. Normalerweise sind Krokodile grün oder bräunlich, dieses Krokodil **allerdings** war blau.

Die Leute erzählten sich, das käme davon, weil es kein **Fleisch** fraß. Wenn ihm der Tierpfleger im Zoo **Fleisch** brachte, **nahm** es keinen **Bissen** davon zu sich. Dafür **hatte** es eine Vorliebe für alles Süße. Das blaue Krokodil war ein richtiges Schleckermäulchen und liebte Kuchen, Torten, Schokoriegel, Kekse, Lollis und **Eis**.

Text 6:

Die beiden stehen mit gesenkten **Köpfen** vor Tom. „Hab ich euch die gute Laune verdorben? Warum **lasst ihr** denn die Köpfe so hängen?"

„Wir dürfen dich nicht anschauen!", antwortet Terry.

„Aha! Das ist aber schade", meint Tom. „**Dann können** wir ja **nicht** miteinander **spielen**."

„Mama sagt, du bist körperlich **benachteiligt** und hast deswegen ein Problem."

„Naja, mir **fehlt** ein Bein. Das stimmt. Man könnte sagen, ich bin körperlich benachteiligt, aber ich habe nicht wirklich ein Problem damit. Ich denke, ich könnte noch ganz **gut** fangen spielen."

Knobeltexte

Aufgabe 2:

1. Simone hat 6 Katzen.
2. 1 Kind (Theo) hat blaue Socken.
3. Josi hat keine Hausübungen abgegeben.
4. Nikolas ist der älteste Sohn.
5. Im mittleren Geschoss links ist frei , die Schwester (Dagmar) wohnt im Obergeschoss links
6. Es ist Montag
7. Er muss 2 Reifen für das Fahrrad bestellen.
8. Niemand pflückt Marillen.
9. Sie müssen insgesamt 5 Plätze reservieren.
10. Obstkuchen
11. Es sind 49 Kinder.
12. Sie hat 12 Kinder zum Spielen.
13. Es wohnen 21 zweibeinige Tiere auf dem Hof (Hühner und Enten).
14. Die Birke ist ein Laubbaum und kann nicht in Opas Nadelwald stehen.
15. Sie hat 24 Eier pro Woche.
16. Im Mai.
17. Den 31.6. gibt es nicht, der Juni hat nur 30 Tage.
18. Sie kommt zuerst an der Kuhweide vorbei.
19. Im Auto saßen zwei Burschen, zwei Mädchen, drei Hunde
20. Die Straßenbahn fährt auf Schienen, man kann sich nicht verfahren.
21. Fridolin

Lösungen

6 Arbeiten mit längeren Texten

Geschichte 1: „Ein turbulentes Weihnachtsfest“

Aufgabe 2:
1. 7 Menschen und einen Hund
2. Andreas, Jakob, Jessica, Jane, Max, Moritz, den Erzähler, Jolly der Hund
3. Sie heißen Andreas und Jakob.
4. Weil alles so tadellos aufgeräumt ist, kein Staubkorn und kein Fingerabdruck zu sehen ist, dafür viele Dekorationsgegenstände.
5. Jessica ist die Freundin von Jakob.
6. Sie ist ein Jack Russell Terrier.
7. Sie sucht für den Krautsalat eine Schüssel.
8. Die Zwillinge zerbrechen die Vasen.
9. Sie trinken einen Aperitif.
10. Sie stapelt Kekse auf einen Teller.
11. Jane schubst die Glastür.
12. Andreas verletzt sich.
13. Der landet in den Scherben und ist wahrscheinlich ungenießbar.
14. Sie haben einen Eichenfußboden.
15. Er stolpert über Jolly den Hund.
16. Weil sich Rudolf am Baum festhält, um nicht auszurutschen.
17. Sie bauen einen Schneemann.
18. Sie entsorgen Scherben, versorgen Wunden und richten den Christbaum gerade.
19. Der eigentliche Grund war Weihnachten zu feiern.

Geschichte 2: „Ein unglaublicher Waldspaziergang“

Aufgabe 4:
1. Sie gingen letzten Sonntag aus.
2. Weil der Erzähler sich schon groß genug fühlte.
3. Carlos ist älter.
4. Er wollte alleine im Dunkeln durch den Wald gehen.
5. Er hörte seltsame Rufe.
6. In der Baumkrone saß ein Jaguar.
7. Sein Bein war unter einem Baumstamm eingeklemmt.
8. Sie sahen drei Wölfe.
9. Der Erzähler riss einen Baum aus und schlug die Wölfe in die Flucht, dann tat sich der Boden auf und sie rutschten in die Tiefe.
10. Nein, es war kühl.
11. Dort lauerte ein angriffslustiges Krokodil.
12. Es war überdimensional groß und dunkel.
13. Ein Schneemann saß hinter dem Steuer.
14. Indianer, die sie auf Elefanten verfolgten.
15. Es fuhr auf einen abgelegenen Bauernhof.
16. Er verlor es im Heu.
17. Nein, die Ziege hat es gefressen.

Brief

Aufgabe 6:
1. Er möchte in die Schweiz reisen.
2. Er soll seine Tante Agatha besuchen.
3. Nein, er soll dort Französisch lernen.
4. Sie wird als vornehm und gescheit beschrieben.
5. Dass Konstantin fesch angezogen ist und viel lernt.
6. Er hat zwei Koffer dabei.
7. Weil Konstantin seine Lieblingskekse vergessen hat.
8. Ja, er hat ein Zugticket.
9. Nein, das erfährt man nicht.
10. Er möchte seine Kekse haben.
11. Aus Konstantins Sicht ja, objektiv gesehen nein.
12. Nein, er diskutierte mit dem Vater und war verärgert.
13. Weil nun sein Papa das Ticket hatte.
14. Mit dem Flugzeug.
15. Er versuchte seine Kleidung auf der Flugzeugtoilette zu waschen.
16. Er traute sich nicht, mit schmutziger Kleidung Tante Agatha unter die Augen zu treten.
17. Lustig, sie hatte Motorradklamotten an, hatte rote Haare, war stark geschminkt und lachte.
18. Nein, sie hatte keine Ähnlichkeit mit Mamas Beschreibung.
19. Sie kaufte ihm coole Sachen, denn die Tante war nicht zufrieden mit dem eleganten Kleidungsstil.
20. Sie gingen surfen und tauchen.
21. Er genoss die Ferien.